ALABANZAS PARA ÉL REY Y SEÑOR DE SEÑORES.

Colosenses 1:16

Con su poder creó todo lo qué hay en él cielo y en la tierra, lo qué se ve y lo qué no se ve, ya sean ellos seres espirituales, poderes, autoridades o gobernantes. Todo ha sido creado de ÈL y para ÈL. (PTD).

Todo es bueno...

Todo es bueno,

cuando se está en manos

de DIOS,

del mejor alfarero

el verdadero que por nosotros

siente infinito amor;

Todo es bueno,

cuando pones tus caminos

en los designios del SEÑOR

porque te llevará de la mano

y serás fortalecido

por el mejor de los maestros

para ser su instrumento

estando al servicio de DIOS;

Oh JEHOVÁ DE LOS EJÉRCITOS

todo en tus manos es mejor

tu gracia en nuestro SEÑOR

JESUCRISTO,

por medio de quien nos das vida

y salvación.

Te necesito...

No hay mejor regalo

que el que has dado

por gracia soy salvo

todo está en tus manos,

oh JESUCRISTO

siempre te estaré glorificando

siempre alabando

lo que viene de tus manos:

Te necesito,

para que laves mis pecados

con el PADRE me tengas reconciliado

y de tu amor ser beneficiado,

eres el CORDERO perfecto

que fue sacrificado

para limpiar los pecados

de todo aquel que en ti este confiado;

Te necesito,

para dormir confiado

levantarme temprano

y seguir el camino

que me has confiado,

para darte honor vivo

para estar en tus servicios

y ser siempre de tu agrado:

Te necesito,

en cada momento que estoy respirando

porque eres el dueño

de este siervo

que quiere ser de tu agrado,

por siempre gritaré con todo pulmón

que tu mi SEÑOR

JESUCRISTO

tienes el control,

y siempre rogaré

porque camines a mi lado.

Insuperable...

No hay formas

de decir lo que siento

al saber de tu Palabra,

pues el mejor consejo

siempre viene muy sincero

cuando de DIOS se trata,

el nunca miente

no decepciona

y nada lo detiene;

Insuperable,

es el REY de reyes

a ÉL todo le obedece

su poder es grande

y su amor inquebrantable,

en ÉL no hay melancolía

solo quiere dar alegría

llenando la vida

de victorias y sonrisas:

Insuperable,

el amor de DIOS

es infinito,

¿ quien envió para salvarnos

a su hijo JESUCRISTO ?

JEHOVÁ DE LOS EJÉRCITOS

tu amor es infinito.

De mañana en mañana...

De mañana en mañana,

tu amor me levanta

llevando el día

siempre en calma,

por tu misericordia

cae la lluvia

dando en la tierra bendecida

buenas frutas,

la semilla sembrada

que viene de tu palabra

tus siervos corren para regarla

y tu salvación se propaga;

De mañana en mañana,

de tu misericordia

se relata

amado DIOS eres quien nos llamas.

Eres bueno...

Eres bueno,

grande y fiel

tu amor quema más fuerte

que los rayos del sol,

DIOS eterno

eres el SEÑOR

¿ quien no se entrega a ti por completo ?

exponiendo su corazón;

Eres bueno,

el que cambia todo con amor

de ti se sabe en todos los tiempos

tu Reino cada día es mejor,

SEÑOR JESUCRISTO

siempre eres bueno

en eso no hay discusión,

rescatas al herido

sanándolo por entero

dándole una vida mejor.

A ti irè...

A ti irè,

en todo momento

la causa de tu amor

siempre buscarè,

en mi dìa JESUCRISTO

siempre seràs mi primer

pensamiento donde

quiera que yo esté;

A ti irè,

mis problemas te contarè

porque eres buen amigo

siempre fiel,

buscarè tus consejos

atento te escucharè

lo que me digas lo practicarè

porque se que es por mi bien;

A ti irè,

se que nunca me arrepentiré

bajo tu sombra virirè

porque solo tu mi DIOS

me sabes entender.

Jesús...

Jesús,

siempre poderoso

Rey eterno

Señor salvador

en todos los tiempos,

nada se iguala

a tu misericordia

todo lo llenas

por ti, todo se complementa;

Jesús,

verdadero cordero

que quita el pecado del mundo

y con amor, nos vas corrigiendo,

para ti no hay imposible

nada te detiene

todo lo sabes

y todo lo entiendes,

Jesús,

por siempre glorioso

tu nombre poderoso

y todo corazón

en ti está lleno

de gozo.

Hay una nueva canción...

Hay una nueva canción,

se abre el cielo

los Ángeles de DIOS

están contando

Gloria al REY de todos

los tiempos,

allí está sentado

en el trono,

el que todo lo hace nuevo

lleno de misericordia y amor

por todo el que esté sufriendo;

Hay una nueva canción,

se escucha a lo lejos

alabando al Cordero

quien con gran sacrificio

nos salvó,

para que por siempre seamos

su pueblo.

No me soltaré...

No me soltaré,

de ti me sujetaré

siempre te buscaré

de día y al anochecer,

querido JESUCRISTO

que siempre estés

en mis caminos

porque sin ti me siento

perdido;

No me soltaré,

de ti aprenderé

porque conocerte

fue lo mejor

que a experimentado

mi corazón,

alabado seas DIOS

que me haces sentir amor

me amaste primero

a pesar de ser un pecador

eso no te importo;

No me soltaré,

de ti siempre hablaré

a mis amigos te presentare

donde quiera que yo esté,

les diré que eres bueno y fiel

y que siempre los quieres

atender.

Te esta esperando...

Te esta esperando,

ÉL, te quiere

y si estas en tormenta

solo llámalo,

vendrá a ayudarte

atenderá tu llamado

aunque el panorama se oscurezca

ÉL, le ordenara al sol que este

para ti brillando;

Te esta esperando,

en cada instante

porque ÉL te ama

ÉL, te a creado

y te esta llamando,

JESUCRISTO

te esta esperando.

A ti te dedico...

Desde que todo fue creado

con poder por tus manos

siempre has manifestado

tu amor

que me tiene maravillado,

eres el mejor refugio

para estar vivo

y son tus actos

pues no soy yo quien lo digo

porque por ti continuo

y escribo,

es que en mi corazón

está escrito que eres mi destino,

A ti te dedico,

todos mis escritos

tu llamado a puesto

fuego en mi corazón

gritando tu nombre en cada uno

de sus latidos;

A ti te dedico,

todo con emoción

y solo tú JESUCRISTO

eres el primer dueño

de mi amor,

con todas las ganas lo grito.

Gloria a DIOS...

Gloria a DIOS,

que en lo más alto está

con su grandeza y poder

en todo lo que ÉL puede crear,

en su inmenso proceder

desde antes de la antigüedad

todo lo que hay le suele obedecer,

delante de ÉL

de rodillas todo estarán;

Gloria a DIOS,

al REY de toda la eternidad

el único es ÉL

qué consuelo puede dar,

fuente de agua viva, que quita la sed

y justicia traerá,

su luz lleva a resplandecer

a el que extraviado esta;

Gloria a DIOS,

por siempre JEHOVÁ

alabado seas ENMANUEL

pues tu REINO nunca

se extinguirá.

La protección,

el tiempo,

el amor

está en DIOS...

La protección

está en DIOS,

ama a quien le obedece

siempre lo mantiene

en su infinito amor,

nunca se detiene

aunque no lo puedas ver

su cuidado se siente

en su gran pasión,

nunca defrauda

con ÉL siempre se gana

ÉL nunca falla

y nadie como ÉL sabe amar;

El tiempo

está en DIOS,

sabe aconsejarte

en su tiempo felicitarte

y sabe cuando el examen

aprobaste,

donde ponerte

y de donde quitarte

sabe alegrarte,

si te cansaste

ÉL sabe aliviarte;

El amor

está en DIOS,

siempre inagotable

no es inalcanzable

y por siempre disponible,

solo tienes que buscarle

a ÉL entregarte

porque solo DIOS es confiable.

Te agradezco...

Te agradezco,

siempre tu llamado

el haberte escuchado

y todo lo que me estás enseñando,

DIOS altísimo

JESUCRISTO BENDITO

ESPÍRITU SANTO

no hay nada como

estar a su lado :

Te agradezco,

porque a mi lado

estás caminando,

por ser escogido

para tu camino

estar anunciando,

en todo momento

tu amor estoy sintiendo

en todo lo que miro

comenzando en todo

lo hermoso que has creado,

te agradezco,

por la familia que me has dado

por pertenecer al cuerpo

de JESUCRISTO,

y por que se que cuando

me valla de este mundo

estaré a tu lado,

mi SEÑOR

JESUCRISTO.

Llueve...

Llueve,

y bendices

los campos se vuelven

verdes,

todo florece

nace y embellece,

se cargan las nubes

en todos lados llueve

porque así lo haces establecer,

DIOS que todo lo vuelves

a restablecer;

Llueve,

y Bendices

los animales gozosos beben

porque todo está bajo tu orden

DIOS a ti todo te obedece,

el hombre te agradece

que de él te acuerdes

DIOS OMNIPOTENTE

todo lo que nos des

de corazón se te agradece.

Mi confianza en ti está puesta...

Aunque todo de vueltas

y el mundo se estremezca

se den crecidas las olas

mi confianza en ti está

puesta;

Si no brilla el sol

me alumbra la luz de tu amor

que abraza con compasión

y eso me alimenta mi DIOS;

Mi confianza en ti está

puesta;

Porque lo mejor es tenerte

y tu fidelidad es eternamente

contigo es asegurarse

en todo completamente;

Mi confianza en ti está

puesta;

Mi SEÑOR JESUCRISTO

gracias por tu sacrificio

y el haberme redimido

en tu gracia hacerme tu hijo

por eso en tus caminos

nunca estaré perdido,

en ti confío.

En ti confío...

Si hay oscuridad

tu luz brillará

tu presencia

me fortalecerá

y nunca me abandonaras,

tu palabra me levantara

mis heridas tu sanaras

siempre me alimentaras

mis cargas aliviaras;

En ti confío,

porque siempre me salvaras

nunca me defraudaras

y tu presencia me acariciara,

el hambre me quitaras

mi sed aliviaras

de tu lado me llevaras

en tus victorias

y buena señal:

En ti confío,

porque se que vendrás

¡ oh JESUCRISTO todo cambiará !

y todo con tu amor se llenará.

En ti hay victorias...

En ti hay victorias,

aunque este en tormentas

aunque parezca

que no puedo ganar,

pues la confianza

que tu me das

va por sobre toda lucha,

JESUCRISTO tu das

la más alta libertad

de prisiones eternas

sueles sacar

todo aquel que te va a buscar;

En ti hay victorias,

solo tu das luz en oscuridad

el corazón triste sabes alegrar

sacarlos de la maldad

y vidas sabes cambiar,

SEÑOR a ti se te ama

a ti toda alabanza

toda gloria,

porque solo tú nos puede salvar.

Es tu amor...

Es tu amor,

fuente de inspiración

que con gran sacrificio

me redimió,

preña mi musa e imaginación

poniendo en mis sentimientos

alabanzas para ti JESUCRISTO

Glorioso SEÑOR ;

Es tu amor,

lo que hace escuchar tu voz

desde lo más alto

se siente bonito

en el corazón,

tener contigo comunión

amado DIOS

es el mejor condimento

para un día bonito

dirigido por ti mi SEÑOR ;

Es tu amor,

lo que siembra pasión

de estar buscando

a quien de ti esté necesitando

del verdadero alimento

para llegar a DIOS

siendo por JESUCRISTO

nuestro SEÑOR ;

Es tu amor,

paz y Bendición,

amor y pasión,

alegría y no dolor,

porque todo lo malo

quedó en la cruz clavado

así la cuenta de los pecados

tu saldando,

oh JESUCRISTO

siempre te estaré alabando

con todo mi amor,

GLORIA A DIOS .

Estas presente...

Estas presente,

aunque no te pueda ver

curando heridas

secando lágrimas

dando protección

mostrando el brillo

de tu esplendor,

solo tu DIOS

eres milagroso

siempre fiel

nadie como tu sabe amar;

Estas presente,

atendiendo llamados

levantando refugiados,

tu amor es inquebrantable

siempre fuerte

porque grande tu eres,

PRÍNCIPE DE PAZ

LEÓN DE JUDÁ

DIVINO CORDERO

todo mi ser

sin límites

te entrego.

Amor sincero...

Amor sincero,

el que viene del cielo

desciende de lo alto

siempre es un amparo,

agradable compañero

que ordena a el viento

acaricia nuestros cabellos

sin nosotros poder verlo,

pero puedes sentir el verdadero

amor que él siente a pesar del tiempo;

Amor sincero,

en JESUCRISTO

es el que tenemos

salvador del mundo

SEÑOR de todos los tiempos

alabarte en todo momento

es lo que pone mi corazón

lleno de gozo y contento.

Dedicado al REY...

Lucero de la mañana,

que refrescas mi alma

en todo momento eres mi calma

se que siempre me amas ;

Hacedor de grandes planes,

todo nuevo lo haces

has renovado mi ser

Bendiciones haces llover

y nada te puede detener ;

Padre eterno,

en tu amor me interno

todos mis pasos te entrego

porque eres mi único

dueño ;

Príncipe que trae paz ,

en mi vida esta tu autoridad

porque solo tu das bienestar

con tu manera única

de amar ;

JESUCRISTO BENDITO ,

eres todo y la verdad

esta en tu palabra

que es el mejor pan .

Tu brillo...

Tu brillo,

es mi vitamina

quien siempre me encamina

en la tormenta

y en la tranquilidad

en paz puedo estar;

Tu brillo

cubre con amor

llenando con tu pasión

todo corazón,

quitando el dolor

ocupando los espacios

vacíos que dejan el mal sabor;

Tu brillo,

no tiene límites

por todos lados se extiende

siendo fiel siempre

y a todos nos entiendes;

Eres grande

JESUCRISTO

al pecador viniste a comprar

para salvarlo

de la muerte

para ante del PADRE

poderlo

presentar.

Siempre das...

Siempre das

lo que a ti nos pueda

acercar,

no lo que nos pueda

de ti alejar,

siempre lo que nos pueda

salvar,

eres quien proporciona

amor y paz,

quién nos quita la soledad

y en la oscuridad haces brillar;

Siempre das,

y lo que tu das nadie lo puede quitar

porque siempre enseñas a enfrentar

cualquier caso que se pueda presentar;

Siempre das,

amor para sanar

fuerzas para buscar

a quien te quiera su vida

entregar,

compañía en la soledad

confianza para toda prueba

superar;

Siempre das,

SEÑOR JESUCRISTO

pan de vida

en tu palabra

y así podernos salvar

para contigo irnos a encontrar,

gracias SEÑOR

por tu amor y misericordia

que siempre entregas

y jamás te cansas de dar.

El que en ti confía...

Estando con nosotros

siempre caminando,

estando de nuestro lado

aunque nos azote un tornado

estamos en tu victoria asegurado.

El que en ti confía,

nunca saldrá defraudado

siempre asegurado

de que el SEÑOR

peleará a su lado,

EL es nuestro redentor

por siempre fiel abogado

por EL nunca serás traicionado

pues, Él es quien te rescata del pecado.

El que en ti confía,

su corazón cambiara de ánimo

tu luz siempre llevando

al que la esté necesitando,

mirara todo aunque esté oscuro

porque nuestro SEÑOR JESUCRISTO

siempre le estará guiando,

su luz es nuestro destino

y sólo en ÉL confiando

eso está asegurado.

El que en ti confía,

no lo ara en vano

porque su vida la está entregando

al que la a dado

DIOS poderoso

no me apartaré de tu lado.

El día se completa...

El día se completa,

con todo lo que en ti se interpreta,

claridad,

paz,

sanidad,

tranquilidad,

sin ti nada

de esto se puede completar,

contigo todo se puede implementar

y por confesar tu amor y amistad

ninguna luz se puede ocultar;

El dìa se completa,

en tus conocimientos

siempre absorbiendo

el bien que nos has hecho,

quien este contigo

continua vivo

caminando y combatiendo

en todos los desafíos

que nos levantan victoriosos

gracias a que pertenecemos

a tus dominios;

El dìa se completa,

porque se vive

en la fe,

sostenido por el PADRE ADMIRABLE

en todo acontecer,

no te dejará desfallecer

porque cuentas con su poder

en donde nada se puede esconder,

El dìa se completa,

porque el SEÑOR te hace

feliz,

con amor te hace

sonreír,

cada vez que a ÈL

quieras venir,

El dìa se completa,

porque DIOS

vive en ti,

porque con fe

confías en ÈL,

en una relaciòn

con el SEÑOR

nada se puede interponer,

El dìa se completa,

porque solo el SEÑOR

por nosotros puede

interceder,

a ti toda honra

JESUCRISTO BENDITO

compañero fiel.

Has llamado...

Has llamado,

para a tu lado

caminar sin miedo

nuevas vidas con tu amor

conquistar, en tu llamado;

oh DIOS,

toda gloria se te da

desde el comienzo

los ángeles llenos de gozo

se pusieron a cantar,

respondiendo a tu gloriosa voz

la creación a tus ordenes esta;

Has llamado,

para a tu lado continuar

en tu venida contigo

podernos encontrar,

amado JESUCRISTO

mi corazón prendido

por ti esta.

Griten, griten...

Griten, griten,

que el día llegó

donde todo es nuevo

gracias a nuestro SEÑOR,

CRISTO BENDITO

por siempre nuestro redentor

divino cordero

que con nuestras culpas cargo,

con su sangre lavando

al pecador

sin importar razas o color

por todos el se sacrifico;

Griten, griten,

que el nuevo tiempo nos tocó

por gracias somos salvos

porque nuestras cuentas CRISTO

las pago,

para hacernos un solo pueblo

y ofrecerlo a DIOS

con el corazón sincero

y agradable olor;

Griten , griten,

que JESUCRISTO

es el SEÑOR

que solo

mediante de ÉL conseguimos

el perdón,

y ser salvos por su amor.

Mi SEÑOR es...

Mi SEÑOR es ,

el que abrió el mar

detuvo el curso de las aguas

del Río Jordán ,

el que nos abriga

y día a día nos hace respirar ;

Mi SEÑOR es ,

fuente de aguas viva

estrella de la mañana

sol de justicia ,

quien cuida

aunque nuestros ojos no lo miran ,

quien nos escucha

y alimenta

con sus maravillas ;

Mi SEÑOR es ,

el verdadero pan

de vida ,

el que promete y no olvida ,

te espera

y te ama ,

perdona nuestras

rebeldía ,

Mi SEÑOR es ,

DIOS el dador

de la verdadera

vida ,

toda gloria

a mi SEÑOR

y mis labios

te alabaran

porque siempre das

sentido a mi vida .

MI AMADO JESUCRISTO.

Que vengan los cantos...

Mi SEÑOR

gran YO SOY

SANTO, SANTO, SANTO,

en alabanzas con amor

para ti toda canción

majestuoso creador

Rey único

por siempre mi DIOS;

Que vengan los cantos,

con gozo y amor

los talentos que ÉL nos dio

que se utilicen con dedicación

todo al servicio

de DIOS con todo el corazón,

no hay nada mejor

que alabar al SEÑOR

porque te llenas de un inmenso

gozo,

que no tiene explicación;

Que vengan los cantos,

dedíquenlos al Salvador

que la tierra por todos

lados se está llenando

de su misericordia

e infinito amor;

Mi SEÑOR

gran YO SOY

SANTO, SANTO, SANTO

es el SEÑOR

por siempre mi DIOS.

Dios siempre está...

Dios siempre está,

para ayudar

para guiar

y salvar,

nunca rechazara

un corazón

que arrepentido

esta,

nunca falla

tampoco tarda

siempre nos mejora

cuando a ÉL te entregas;

Dios siempre está,

te consolará

te levantara

te rescatara,

si en sombra estas

su luz te ara brillar

y nueva criatura

en ti ÉL formará,

nunca tengas dudas

de que DIOS te ama

que te espera,

tu corazón quiere que abras

y DIOS siempre habitara

en tu morada.

Un nuevo nacimiento...

En todo nacimiento,

está tu plan perfecto

nada está en veremos

tus planes son verdaderos,

somos barros en tus manos

nuestro mejor alfarero,

oh enséñame a vivir maestro

que agradarte es lo mas que quiero;

En todo nacimiento,

hay esta tu pueblo

por tu amor agradeciendo

y tu misericordia viviendo,

gran DIOS JEHOVÁ DE LOS EJÉRCITOS

tu amor es perfecto

por medios de JESUCRISTO

de tu gracia me aferro,

porque hay un nuevo nacimiento

cuando se reconoce a tu hijo

como su SEÑOR Y DUEÑO.

Glorifiquen al SEÑOR...

Glorifiquen al SEÑOR,

que de la vida

ÉL es , el dador

la amargura alivia

con todo su amor,

te guía cuando caminas

con la mejor intención

para que estés con tu familia

lleno de gozo y amor;

Glorifiquen al SEÑOR,

que es la mejor compañía

mejor consejero

siempre anima

te da el respiro

nunca te asfixia

y cura el corazón;

Glorifiquen al SEÑOR,

que el salva

protege al indefenso

seca sus lágrimas

le hace sentir mejor

hasta agradecer por la vida;

Glorifiquen al SEÑOR;

que aborrece la maldad

ÉL es juez justo

y escudriña el corazón,

SOL DE JUSTICIA

dador de amor

tu Palabra es garantía

que por ti hay salvación

JESUCRISTO SEÑOR.

Te busco, te busco...

Si no te busco

estoy perdido

camino sin mis sentidos

sin ningún destino,

Te busco , te busco

porque eres el mejor

camino,

escuchar tus consejos

siempre es el mejor

alimento cuando

se construye un sueño;

Te busco , te busco

al abrir mis ojos

siendo el primer motivo

desde mi corazón

hablar contigo,

grande eres DIOS

que siempre estás oyendo

salvando a todo

que se está ahogando

en este mundo perdido;

Te busco , te busco

mi SEÑOR JESUCRISTO

y tomado de tu mano

muéstrame el buen camino,

en ti confío

ante ti me arrodillo,

poniéndome a tu servicio.

El socorro...

El socorro,

viene del SEÑOR

quien entrega amor

en toda dimensión,

nunca se ha negado

en ir rescatando

a quien le está buscando,

quién ha ÈL se entrega

no sufre derrota

ve su misericordia

porque DIOS todo lo controla

en su infinita sabiduría

he inmensa grandeza;

El socorro,

viene de DIOS

solo ten fe

y ÈL viene a resolver

aunque no lo puedas ver

lograras entender

que eternamente

ÈL siempre te va ha conocer;

JESUCRISTO BENDITO

eres mi salvador

socorro mío

no me desampares por favor,

que solo por ti vivo

y la gracia de tu amor,

tu misericordia he visto

en todo tu esplendor.

Nunca...

Nunca,

llegas a abandonar

a aquel que busca

tu amor y amistad,

no hay sinceridad

como la tuya

y fidelidad

solo en ti se puede encontrar;

Nunca,

dejas a un hijo o hija

sin restaurar

pasando por tu disciplina

todo nuevo vuelve a quedar,

teniendo la garantía

que bajo tus alas

podemos caminar

sin llegarnos a desviar,

DIOS tu eres SANTO

y tu voz suele llamar

con voz clara

a su rebaño

y contigo nos vamos a encontrar,

por liberarnos JESUCRISTO

en tu gracia

muchas gracias

pues de tu inmensa

misericordia

no dejaré de hablar.

SANTO, SANTO, SANTO

ES ÉL SEÑOR

POR SIEMPRE.

Romanos 8:38,39

Pues estoy convencido de que ni la muerte ni la vida, ni los ángeles ni los poderes diabólicos, ni lo presente, ni lo qué vendrá en el futuro, ni lo poderes espirituales, ni lo alto ni lo profundo, ni ninguna otra cosa creada podrá separarnos del amor de DIOS qué se encuentra en nuestro Señor JESUCRISTO.

100

www.ingramcontent.com/pod-product-compliance
Lightning Source LLC
Chambersburg PA
CBHW070250220526
45465CB00004B/1566